Jürgen H. Schmidt

Ist die Bibel "Gottes Wort"?

Gründe für die
Glaub- und Vertrauenswürdigkeit
der Heiligen Schrift

AF198653

Alle Schrift ist von Gott
eingegeben ...

(2. Timotheus 3,16)

Jürgen H. Schmidt

Ist die Bibel "Gottes Wort"?

Gründe für die
Glaub- und Vertrauenswürdigkeit
der Heiligen Schrift

Bibliografische Information der Deutschen Nationalbibliothek
Die Deutsche Nationalbibliothek verzeichnet diese Publikation in der Deutschen Nationalbibliografie; detaillierte bibliografische Daten sind im Internet über http://dnb.d-nb.de abrufbar.

Herstellung und Verlag: BoD – Books on Demand, Norderstedt

ISBN: 9783749454358

Titelbild: Jürgen H. Schmidt

Verwendete Bibelübersetzungen:
Wenn nicht anders angegeben, folgen die Bibelzitate der Elberfelder Übersetzung (Edition CSV Hückeswagen). © 2010, Christliche Schriftenverbreitung, Hückeswagen.
Andere Übersetzungen und ihre Abkürzungen:
LUT Lutherbibel 1984, © 1985, Deutsche Bibelgesellschaft, Stuttgart.
ME Die Heilige Schrift / übers. von Hermann Menge, © 2003, Deutsche Bibelgesellschaft, Stuttgart.
NeÜ Neue evangelistische Übersetzung, © 2010, Christliche Verlagsgesellschaft, Dillenburg.
NGÜ Neue Genfer Übersetzung, © 2011 Genfer Bibelgesellschaft

Inhalt

Vorwort   7

1. Einleitung   9

2. Das Selbstverständnis der Bibel   16

3. Der Befund der Manuskripte   25

4. Die innere Einheit der Schrift   31

5. Die Bibel beschreibt die Realität dieser
   gefallenen Welt sehr treffend   34

6. Die Erfüllung prophetischer Aussagen   37

7. Die lebensverändernde Kraft von Gottes Wort   46

8. Wie können wir Gewissheit erlangen?   50

Bibliografie und weitere Literaturhinweise   54

Vorwort

Liebe/r Leser/in,

die Idee zu diesem Buch entstand während meiner Vorbereitungen zu einem Vortrag zum 10-jährigen Jubiläum des Timotheus-Dienstes. Mein Anliegen ist, auf diese Weise den Inhalt des Vortrags einem größeren Interessentenkreis zugänglich zu machen und gleichzeitig den einen oder anderen Aspekt etwas zu vertiefen bzw. ausführlicher zu behandeln. Trotzdem möchte ich bewusst bei einer kurzen und komprimierten Einführung in die Thematik bleiben und nicht zu sehr in Details gehen. Leser/innen, die sich ausführlicher und intensiver damit beschäftigen möchten, werden in der Bibliografie eine Auswahl weiterführender Literatur finden.
Der Vortragsstil wurde im Wesentlichen bei-behalten und entspricht auch meinem Anliegen, Sie persönlich anzusprechen.

Aufbau dieses Buches:
- Das erste Kapitel enthält eine kurze Einleitung und weist auf die persönliche Relevanz der Thematik hin.
- Im zweiten Kapitel geht es um das Selbstverständnis der Bibel als „Wort Gottes".
- In den Kapiteln drei bis sieben werden fünf Gründe für die Glaub- und Vertrauens-würdigkeit der Heiligen Schrift vorgestellt.
- Kapitel 8 fasst die bisherigen Ausführungen kurz zusammen und widmet sich der Frage

„Wie können wir Gewissheit erlangen?"

Einmal mehr danke ich Antonie Anton ganz herzlich für die Lektüre und Korrektur des Manuskripts!

Es ist mein Wunsch und mein Gebet, dass diese kurze Handreichung Ihnen persönlich weiterhelfen möge und ihr Vertrauen in den allmächtigen Gott, der sich in der Heiligen Schrift und durch das Kommen seines Sohnes Jesus Christus selbst geoffenbart hat, gestärkt werden möge. Der HERR segne Sie!

Jürgen H. Schmidt

1. Einleitung

Vielen Dank, dass Sie sich die Zeit nehmen, sich mit der Frage „Ist die Bibel "Gottes Wort"?" auseinanderzusetzen! Dabei handelt es sich nicht um ein abstraktes theologisches Thema, sondern es geht letztlich um etwas sehr Persönliches. Denn wenn die Bibel *wirklich* Gottes Wort ist, dann hat das persönliche Konsequenzen - für mich, für Sie und für alle anderen Menschen. Denn dann ist es von höchster Relevanz, ob und wie jeder Einzelne von uns persönlich auf Gottes Reden in seinem Wort reagiert. Dann ist es wirklich eine Entscheidung von Ewigkeitswert, wenn wir die beste Botschaft aller Zeiten - das Evangelium von Gottes Liebe, die in Jesu stellvertretendem Tod am Kreuz für uns sichtbar zum Ausdruck gekommen ist - annehmen oder ablehnen.

Ich weiß nicht, welche Meinung Sie dazu haben oder mit welcher Erwartung Sie dieses Buch lesen. Vielleicht gehören Sie zu denjenigen, die die Frage „Ist die Bibel Gottes Wort?" mit einem klaren „Nein" beantworten. Oder vielleicht gehören Sie zu den Skeptikern und/oder Zweiflern, die sich in der Beantwortung dieser Frage eher unsicher sind. Vielleicht gehören Sie auch zur Gruppe derer, die ganz klar bekennen: „Ja klar, die Bibel ist Gottes Wort!"

Egal, zu welcher dieser Personengruppen Sie gehören mögen, lassen Sie mich Eines vorausschicken: Mir ist sehr bewusst, dass ich selbst aus eigener Kraft niemanden davon überzeugen kann, dass die Bibel Gottes Wort ist; das kann letztlich nur Gott selbst tun. Die Absicht dieses Buches ist einerseits, zu ermutigen und Vertrauen in die Heilige Schrift zu stärken, andererseits aber auch, erste Impulse zu einer weiteren Beschäftigung mit der Thematik zu geben, damit zu gegebener Zeit aus einem „Nein", aus Skepsis oder Zweifeln eine positive Gewissheit werden kann.

Bevor wir uns in den folgenden Kapiteln konkreter mit dem Thema befassen werden, möchte ich hier zunächst mit ein paar einleitenden Vorbemerkungen beginnen. Zuerst einmal ist es mir wichtig zu definieren, was damit gemeint ist, wenn wir von der „Bibel" als „Gottes Wort" sprechen.

Wenn ich in diesem Buch von der „Bibel" spreche, dann tue ich dies aus protestantischer Perspektive und meine damit die Sammlung der 66 Bücher des Alten (39 Bücher) und des Neuen Testaments (27 Bücher) ohne die Apokryphen.

Mit dem Ausdruck „Wort Gottes" werden in der Bibel unterschiedliche Aspekte von Gottes Reden zur Menschheit bezeichnet:[1]

1) „Das Wort Gottes" als eine Person: Jesus Christus.

2) „Das Wort Gottes" als Rede von Gott. Dazu gehören unterschiedliche Formen, in denen Gott gesprochen und mit Menschen kommuniziert hat. Dies wird insbesondere in den ersten Versen des Hebräer-Briefes deutlich: *„Nachdem Gott vielfältig und auf vielerlei Weise ehemals zu den*

---

[1] Wayne Grudem, *Biblische Dogmatik: Eine Einführung in die systematische Theologie*, S. 53.

Vätern geredet hat in den Propheten, hat er am Ende dieser Tage zu uns geredet im Sohn, den er gesetzt hat zum Erben aller Dinge, durch den er auch die Welten gemacht hat." (Hebräer 1,1-2)

Zur Zeit des Alten Testaments hat Gott „vielfältig und auf vielerlei Weise" zum Volk Israel („den Vätern") gesprochen. Er tat dies vor allem durch die Propheten, die seine Sprachrohre waren. Zur Zeit des Neuen Testaments hat Gott direkt zu den Menschen gesprochen, die damals in Israel lebten. Er tat dies durch seinen Sohn Jesus Christus, der Mensch geworden ist.

Der Prolog des Evangeliums nach Johannes bezeichnet Jesus als „das Wort", das „bei Gott war", das „Gott selbst war" (vgl. Johannes 1,1), und, das Mensch geworden ist: *„Und das Wort wurde Fleisch und wohnte unter uns und wir haben seine Herrlichkeit angeschaut, eine Herrlichkeit als eines Eingeborenen vom Vater, voller Gnade und Wahrheit."* (Johannes 1,14)

Sowohl der Hebräer-Brief als auch das Johannes-Evangelium machen deutlich: Jesus ist *die* Gottesoffenbarung in Person, nicht nur in seinen Worten, sondern auch in seinem Wesen und in seinen Taten!

„Gottes Wort" bedeutet also, dass der lebendige Gott selbst gesprochen und sich selbst und seinen Willen offenbart hat. Gottes Reden und seine Selbstoffenbarung - durch die Propheten und durch Jesus Christus - wurde schriftlich in den 66 Büchern der Bibel festgehalten.

Wenn wir von der Bibel als Gottes Wort sprechen, dann sind damit „Gottes Worte in schriftlicher

Form" gemeint. Dies ist eine Form, die Gott selbst gewählt hat, um seine Selbstoffenbarung *genauer* festzuhalten, sie *genauer* wiedergeben zu können, und sie *viel mehr* Menschen zugänglich zu machen. Diese Form der „schriftlichen Kommunikation" begann nach dem Auszug des Volkes Israel aus Ägypten bei der Gesetzgebung am Berg Sinai. Gott selbst hat die Zehn Gebote in zwei Steintafeln eingeschrieben (2. Mose 31,18; 32,16; 34,1.28; 5. Mose 10,2) und ER hat immer wieder den Befehl gegeben, alle Worte, die er geredet hat, in ein Buch aufzuschreiben (2. Mose 17,14; 34,27; 5. Mose 27,3.8; Jesaja 30,8; Jeremia 30,2; 36,2.4.28.32; Hesekiel 43,11; Offenbarung 1,11.19; 2,1.8.12.18; 3,1.7.14; 19,9; 21,5).

Über 1.700 Jahre bestand in den christlichen Kirchen - trotz aller lehrmäßigen Unterschiede in gewissen Fragen - Einigkeit darüber, dass die Bibel Gottes Wort ist. Während der letzten 250 Jahre wurde diese Auffassung durch das Aufkommen der modernen Bibelkritik immer mehr in Zweifel gezogen. Es gibt unterschiedliche Grade, wie weit man in der Bibelkritik geht: Manche sind der Auffassung, die Bibel „enthalte Gottes Wort" und die Aufgabe eines Theologen bestehe unter anderem darin, den „Kanon im Kanon", d. h., „Gottes Wort in der Bibel", zu finden. Andere vertreten die Meinung, die Bibel „könne Gottes Wort werden", indem ein Vers einen Menschen ganz persönlich anspricht oder in sein Leben hinein spricht. Mit diesem Konzept ist eine starke

Subjektivierung verbunden, denn was den einen persönlich anspricht und für ihn Gottes Wort wird, muss nicht unbedingt für jemanden anders Gottes Wort sein. Der stärkste Grad der Bibelkritik ist die Meinung, die Bibel sei „nur Menschenwort" und damit auch keine Offenbarung Gottes.

Die Bibelkritik hat in den letzten 250 Jahren nicht nur Zweifel an der Vertrauenswürdigkeit der Schrift gesät; ihre Auswirkungen auf die Kirche waren und sind verheerend.[2] Ja, man kann sagen, dass die Bibelkritik regelrecht selbstzerstörerisch wirkt. In den Kirchen und Denominationen, in denen sie Einzug gehalten hat, hat sie die eigene Glaubensgrundlage Stück für Stück demontiert.

Wenn das wahr ist, was Bibelkritiker behaupten, dann hat das weitreichende Konsequenzen. Zum Einen wäre das reformatorische Prinzip „Sola Scriptura" - „allein die Schrift" - hinfällig. Es würde dann keinen Sinn mehr machen, sich auf die Bibel als alleinige Autorität in allen Glaubensfragen zu berufen. Eine weitere Folge wäre völlige Orientierungslosigkeit im Bereich des Glaubens. Ohne Gottes spezielle Offenbarung in der Bibel hätten wir kein sicheres Wissen und

---

[2] Francis Schaeffer beschreibt die Auswirkungen der Bibelkritik sehr gut in seinem Buch *Die große Anpassung*. Lesenswert sind auch die Bücher der ehemals bibelkritischen Theologin Eta Linnemann (siehe Bibliografie).

keine Gewissheiten[3] im Bereich des Glaubens, auf die wir uns verlassen könnten. Abgesehen von der allgemeinen Offenbarung in der Schöpfung, die uns auf die Existenz eines Schöpfers hinweist (vgl. Römer 1,19-21), hätten wir keinerlei weitere zuverlässige Information über Gottes Wesen, seinen Willen und seine Pläne. Aber gerade diese Information brauchen wir, um zu wissen, was Gott von uns will, wie wir leben sollen, ob und auf welche Weise es für uns - über den Tod hinaus - eine Zukunft gibt etc.

Genauso wie bei der Frage, ob Jesus wirklich von den Toten auferstanden ist, so geht es auch bei der Frage, ob die Bibel wirklich Gottes Wort ist, um „Alles oder Nichts". In 1.Korinther 15,14-19 schreibt Paulus: *„Und wenn Christus nicht auferstanden ist, ist es **sinnlos**, dass wir das Evangelium verkünden, und **sinnlos**, dass ihr daran glaubt. Und nicht nur das: Wir stehen dann als **falsche Zeugen** da, weil wir etwas über Gott ausgesagt haben, was nicht zutrifft. Wir haben bezeugt, dass er Christus auferweckt hat; aber wenn es stimmt, dass die Toten nicht auferweckt werden, hat er das ja gar nicht getan. Um es noch einmal zu sagen: Wenn die Toten nicht auferstehen, ist auch Christus nicht auferstanden. Und wenn Christus nicht auferstanden*

---

[3] „Glaube" im biblischen Sinn bedeutet eben gerade nicht „nichts Genaues weiß man nicht", sondern „vertrauen". Die biblische Definition von „Glaube" in Hebräer 11,1 spricht von „zuversichtlichem Vertrauen": *„Es ist aber der Glaube ein zuversichtliches Vertrauen auf das, was man hofft, ein festes Überzeugtsein von Dingen (oder: Tatsachen), die man (mit Augen) nicht sieht."* (ME)

*ist, ist euer Glaube eine **Illusion**; die Schuld, die ihr durch eure Sünden auf euch geladen habt, liegt dann immer noch auf euch. Und auch die, die im Glauben an Christus gestorben sind, sind dann verloren. Wenn die Hoffnung, die Christus uns gegeben hat, nicht über das Leben in der jetzigen Welt hinausreicht, sind wir **bedauernswerter** als alle anderen Menschen.*" (NGÜ)

Dieselbe logische Schlussfolgerung mit denselben Konsequenzen gilt auch, wenn die Bibel nicht Gottes Wort ist! Wenn die Bibel nur eine Erfindung von Menschen ist und Dinge bezeugt, die der Realität nicht entsprechen, dann ist ihr Zeugnis falsch. In diesem Fall wäre es völlig sinnlos, ihren Aussagen vertrauen zu schenken und der Glaube, der sich darauf gründet, wäre eine pure Illusion, nichts weiter. Klar, man könnte die Bibel weiterhin als interessantes „literargeschichtliches Kunstwerk" studieren, das wäre sie weiterhin, aber als Glaubensgrundlage wäre sie völlig untauglich.

Nach dieser etwas ausführlichen Vorrede wollen wir uns nun dem eigentlichen Thema widmen. In den folgenden Kapiteln werde ich zunächst auf das Selbstverständnis der Bibel eingehen, anschließend werde ich Gründe für die Glaub- und Vertrauenswürdigkeit der Heiligen Schrift nennen.

2. Das Selbstverständnis der Bibel

Ist die Bibel "Gottes Wort"? Bevor ich ab dem folgenden Kapitel verschiedene Gründe nennen werde, die meines Erachtens dafür sprechen, will ich zunächst einmal darauf hinweisen, was die Bibel selbst zu diesem Thema sagt. Also, welchen Anspruch stellt die Heilige Schrift an sich selbst? Wie will sie verstanden werden?

Bereits beim Lesen des Alten Testaments stechen uns Aussagen wie „Und Gott sprach..." (1.Mose 1,3), „So spricht der HERR..." (2.Mose 5,1) oder „Wort des HERRN..." (Jeremia 1,4) ins Auge. Prof. Dr. Erich Mauerhofer schreibt dazu: „Das AT erklärt mit „verschiedenen Ausdrücken 3808 mal [...], dass es die ausdrücklichen Worte Gottes wiedergibt."[4]

Zur Zeit des Neuen Testaments war das Alte Testament eine feststehende Größe. Das geht auch aus der Schrift des jüdischen Geschichtsschreibers Josephus (ca. 37 n.Chr. - nach 100) "Gegen Apion" hervor. Er schreibt dort: „Denn bei uns giebt [sic] es keine Unzahl voneinander abweichender und sich gegenseitig widersprechender Bücher, sondern nur zweiundzwanzig, welche die gesamte Vergangenheit schildern und mit Recht als göttlich angesehen werden."[5]

Josephus nennt hier die genaue Zahl der Bücher, die von den Juden zur damaligen Zeit als Heilige Schrift anerkannt wurden. Dabei ist zu berück-

---

[4] Erich Mauerhofer, *Biblische Dogmatik, Band 1*, S.71.
[5] Flavius Josephus, *Gegen Apion*, in: Flavius Josephus, *Kleinere Schriften*, S. 96.

sichtigen, dass die Juden ihre Bücher anders einteilten, als wir dies heute im christlichen Kontext tun. Die 12 kleinen Propheten wurden als ein einziges Buch gezählt, ebenso die Bücher Richter & Ruth, 1. & 2. Samuel, 1. & 2. Könige, 1. & 2. Chronik, Esra & Nehemia sowie Jeremia & Klagelieder. Somit entsprechen die 22 von Josephus genannten Bücher unseren 39 Büchern des Alten Testaments.

Das Alte Testament war sowohl die „Bibel der Juden" als auch der ersten Christen zur Zeit der Urgemeinde, denn das Neue Testament war damals erst Stück für Stück, Buch für Buch, am Entstehen. Das Neue Testament nimmt vielfach Bezug auf das Alte Testament und zitiert daraus. Dabei werden verschiedene Fachbegriffe gebraucht, die das Alte Testament als Ganzes oder Teile davon bezeichnen: *„Es steht geschrieben ..."* *(Matthäus 4,4)* *„Die Schrift ..."* *(Markus 12,10)* bzw. *„Die Schriften ..."* *(Matthäus 26,54).* *„Das Gesetz und die Propheten ..."* *(Matthäus 5,17)* bzw. *„Gesetz, Propheten und Psalmen"* *(Lukas 24,44)*[6] *„Wort Gottes ..."* *(Matthäus 15,6)* Die Verwendung des Alten Testaments im Neuen

---

[6] Die hebräische Bibel ist anders geordnet: Die Juden teilen das Alte Testament in Gesetz (Tora), Propheten (Nebiim) und Schriften (Quetubim) ein. Die „Psalmen" stehen hier in Lukas 24,44 repräsentativ für die „Schriften". In der christlichen Bibel ist das Alte Testament folgendermaßen geordnet: Gesetzbücher (Die fünf Bücher Mose), Geschichtsbücher (Josua - Esther), poetische Bücher (Hiob - Hohelied) und prophetische Bücher (Jesaja - Maleachi). Während die hebräische Bibel mit dem Buch Chronik abgeschlossen wird, ist in der christlichen Bibel Maleachi das letzte Buch des Alten Testaments.

geschieht mit dem Selbstverständnis, dass es sich dabei um Gottes Wort handelt, das Autorität hat - und zwar sowohl beim Gebrauch durch Jesus als auch beim Gebrauch durch seine Jünger.

Jesus Christus spielt für diejenigen, die sich selbst als Christen bezeichnen, eine wichtige Rolle. Wie viel Einfluss man Jesus dabei zugesteht, ist ganz unterschiedlich: für manche ist er lediglich ein großes Vorbild, andere orientieren sich - mehr oder weniger - an seiner Lehre, und wieder andere haben sich bewusst dafür entschieden, IHM als Herrn und Retter nachzufolgen. Wie dem auch sei, die Person Jesu Christi ist zentral für den christlichen Glauben! Die vier Evangelien des Neuen Testaments geben uns vier einander ergänzende Berichte über das Leben und die Lehre Jesu. Aber nicht nur das, sie geben uns auch einen *einheitlichen* Einblick in Jesu Schriftverständnis! Es lohnt sich, die Evangelien einmal ganz bewusst unter diesem Gesichtspunkt zu lesen und darauf zu achten. Wenn wir Christen sind, dann sollten wir Jesu Schriftverständnis ernst nehmen und uns daran orientieren. Wenn wir nicht - oder noch nicht - Christen sind, dann sollten wir es wenigstens zur Kenntnis nehmen.

Jesu Einstellung zur Schrift zeigt sich zunächst in seiner Einstellung zum Alten Testament. Dabei fällt Folgendes auf:[7]

1) Jesus behandelte die geschichtlichen Erzählungen des Alten Testaments wie historische

---

[7] Siehe dazu das Kapitel „Jesu Sicht vom Alten Testament" in: John Wenham. *Jesus und die Bibel. Autorität, Kanon und Text des Alten und Neuen Testaments*, S. 25ff.

Aufzeichnungen von Fakten (Matthäus 8,4; 12,40-41; 24,38; Lukas 11,30-32; 17,27; 20,37).

2) In strittigen Fragen berief sich Jesus immer wieder auf das Alte Testament als ausschlaggebende Instanz (Matthäus 5,17-20; 23,2f; Johannes 5,39-47).

3) Auch in ethischen Streitfragen gebrauchte Jesus das Alte Testament als Leitfaden (Matthäus 19,3-9; Markus 10,19; Lukas 18,20).

4) Bei seiner Versuchung machte Jesus Gebrauch vom Alten Testament (Matthäus 4,1-11).

5) Nach seiner Auferstehung gebrauchte Jesus das Alte Testament, um seine Jünger zu lehren, wie die Vorhersagen der Schrift in IHM erfüllt wurden (Lukas 24,44ff).

6) Jesus hielt die Schriften des Alten Testaments für von Gott inspiriert und damit für Gottes Wort. Die beiden folgenden Beispiele sollen dies kurz illustrieren: In Markus 12,36 leitet Jesus ein Zitat aus Psalm 110, der von König David geschrieben wurde, mit folgenden Worten ein: „David selbst hat durch den Heiligen Geist gesagt ..." (LUT) In Matthäus 19,4-5 zitiert Jesus aus 1.Mose 2,24: „Habt ihr nicht gelesen, dass der, der sie schuf, sie von Anfang an als Mann und Frau machte und sprach: «Deswegen wird ein Mann den Vater und die Mutter verlassen und seiner Frau anhangen, und die zwei werden ein Fleisch sein.»"? Jesu Gebrauch von 1.Mose 2,24 ist sehr bemerkenswert, denn im Originalkontext ist das Zitat keine Aussage, die Gott direkt zugeschrieben wird, sondern ein erklärender Kommentar. Doch Jesus zitiert den Vers so, als sei Gott der unmittelbare

Autor!

In seinem Buch *"Jesus und die Bibel"* bringt John Wenham Jesu Schriftverständnis treffend auf den Punkt: „Für Jesus war das Alte Testament wahr, autoritativ und inspiriert. Für ihn war der Gott des Alten Testaments der lebendige Gott und die Lehre des Alten Testaments war die Lehre des lebendigen Gottes. Für ihn war das, was die Schrift sagt, das, was Gott sagt."[8]

Jesu Jünger folgten in ihrer Lehre und in ihren Schriften dem Schriftverständnis Jesu. Bei den Aposteln Petrus und Paulus finden wir darüber hinaus explizite Aussagen, die die Inspiration der Heiligen Schrift lehren. In 2. Petrus 1,19-21 heißt es: *„Und so besitzen wir das prophetische Wort umso fester, auf das zu achten ihr wohltut, als auf eine Lampe, die an einem dunklen Ort leuchtet, bis der Tag anbricht und der Morgenstern aufgeht in euren Herzen; indem ihr dies zuerst wisst, dass keine Weissagung der Schrift von eigener Auslegung ist. Denn die Weissagung wurde niemals durch den Willen des Menschen hervorgebracht, sondern heilige Menschen Gottes redeten, getrieben vom Heiligen Geist."*

Mit dem „prophetischen Wort" (in Vers 19) meint Petrus die „Schrift" (in Vers 20); dies bezieht sich hier zunächst auf das Alte Testament (vgl. 1 Petrus 1,10-12). Der Apostel schließt kategorisch aus, dass auch nur irgendein Mensch dazu in der Lage ist, aus eigenem Antrieb eine *echte*

---

[8] John Wenham. *Jesus und die Bibel. Autorität, Kanon und Text des Alten und Neuen Testaments*, S. 56f.

Weissagung von Gott hervorzubringen. Gott allein ist der Urheber echter Weissagung. Durch seinen Heiligen Geist (Vers 21) hat er die entsprechenden Menschen dazu in Bewegung gesetzt - so, wie der Wind ein Segelschiff in Bewegung setzt. Petrus macht deutlich, dass Gott selbst der Urheber der Heiligen Schrift ist und sein Wort vom Heiligen Geist inspiriert wurde. Dabei nennt er zwei Beteiligte bei diesem Prozess der Inspiration: Gott den Heiligen Geist sowie den Menschen, der aussprach bzw. aufschrieb, was Gott ihm eingegeben hat.

Paulus macht folgende Aussage über den Ursprung und den Nutzen der Heiligen Schrift: *„Alle Schrift ist von Gott eingegeben und nützlich zur Lehre, zur Überführung, zur Zurechtweisung, zur Unterweisung in der Gerechtigkeit, damit der Mensch Gottes vollkommen sei, zu jedem guten Werk völlig geschickt." (2. Timotheus 3,16-17)*

Genauso wie Petrus und Jesus gebraucht auch Paulus hier den Fachbegriff „Schrift" für biblische Schriften. Mit „alle Schrift" meint er die Schrift als Ganzes oder jede einzelne Schrift der Bibel. Alle Schrift ist „von Gott eingegeben". Paulus gebraucht hier den griechischen Begriff „theopneustos", das bedeutet wörtlich: „von Gott gehaucht" bzw. „von Gott ausgehaucht"; „von Gott eingegeben / inspiriert". Das heißt, der „Atem Gottes", der „Geist Gottes" hat die Schrift hervorgebracht! Dabei ist zu beachten: Nicht die menschlichen Verfasser der Schrift, sondern das Ergebnis, die Schrift selbst ist inspiriert![9]

Bemerkenswert ist, dass der Begriff „Schrift", der sich im Neuen Testament zunächst auf das Alte Testament bezog, - denn das Neue Testament war ja gerade erst am Entstehen - sowohl bei Petrus als auch bei Paulus auf bereits vorliegende Schriften des Neuen Testaments angewandt wurde. In 2.Petrus 3,15-16 heißt es: *„Und erachtet die Langmut unseres Herrn für Errettung, so wie auch unser geliebter Bruder Paulus nach der ihm gegebenen Weisheit euch geschrieben hat, wie auch in allen Briefen, wenn er in ihnen von diesen Dingen redet, von denen einige schwer zu verstehen sind, die die Unwissenden und Unbefestigten verdrehen, wie auch die übrigen Schriften, zu ihrem eigenen Verderben."* Diese Aussage von Petrus macht einerseits deutlich, dass die Paulus-Briefe schon zur damaligen Zeit (ca. 64 - 67 n.Chr.) gesammelt wurden und einen gewissen Bekanntheitsgrad sowie eine gewisse Autorität hatten. Das Bemerkenswerte an dieser Aussage ist aber, dass Petrus hier die Paulus-Briefe auf dieselbe Stufe wie „die übrigen Schriften" stellt und sie dadurch dem Alten Testament als Wort Gottes gleich-

---

[9] "Darin drückt sich nicht ein Hauchen Gottes *in die* Schriften *hinein* aus ..., sondern es ist gemeint, dass die Schriften ihren Ursprung in einer Aktivität Gottes, des Heiligen Geistes, haben und im höchsten und wahrsten Sinne sein Werk sind." B. B. Warfield; zitiert von John Wenham in: *Jesus und die Bibel. Autorität, Kanon und Text des Alten und Neuen Testaments*, S. 115.

stellt![10] Wir sahen bereits, wie Petrus im selben Brief (2.Petrus 1,20-21) über die Inspiration der Schrift durch den Heiligen Geist sprach; seine dort gemachten Aussagen über den Ursprung der Schrift gelten auch für die Paulus-Briefe!

Bemerkenswert ist auch folgender Vers aus dem ersten Brief von Paulus an Timotheus, der etwa um das Jahr 62 n.Chr. geschrieben wurde: *„Denn die Schrift sagt: «Du sollst dem Ochsen, der drischt, nicht das Maul verbinden», und: «Der Arbeiter ist seines Lohnes wert.» (1.Timotheus 5,18)* Paulus führt hier zwei Zitate an; das erste stammt aus dem Alten Testament (5.Mose 25,4), was nicht weiter verwunderlich ist. Doch das zweite Zitat stammt aus dem Lukas-Evangelium (Lukas 10,7) und wird ebenfalls als „Schrift" bezeichnet. Durch den Gebrauch des Fachbegriffs „Schrift" stellt Paulus - genauso wie Petrus im vorherigen Beispiel - neutestamentliche Schriften in Bezug auf ihre göttliche Autorität und Inspiration dem Alten Testament gleich.

Bereits diese kleine Einführung in das Selbstverständnis der Bibel macht deutlich, dass die Bibel selbst als *Wort Gottes* - als Gottes Reden zum Menschen - verstanden werden will.

Nun kann man natürlich einwenden, die Bibel kann viel über sich selbst behaupten, das bedeutet aber noch lange nicht, dass ihre

---

[10] „Die Tatsache, daß die „Unwissenden und Ungefestigten" sie verdrehen, läßt den Schluß zu, daß diesen Schriften, wenn sie nicht als maßgebend angesehen worden wären, kaum Beachtung geschenkt worden wäre. Diese Briefe hatten von allem Anfang an kanonische Eigenschaft." Merrill C. Tenney, *Die Welt des Neuen Testaments*, S. 439.

Behauptungen wahr sind! Das ist richtig. Daher stellt sich die Frage: Gibt es Gründe für die Glaub- und Vertrauenswürdigkeit der Heiligen Schrift, die den Anspruch stützen, Gottes Wort zu sein? Ja, diese Gründe gibt es! Aus der Fülle der Argumente, die PRO BIBEL vorgebracht werden, werde ich in den folgenden Kapiteln fünf Gründe für die Glaub- und Vertrauenswürdigkeit der Heiligen Schrift nennen.

3. Der Befund der Manuskripte

Im vorigen Kapitel sprachen wir über das Selbstverständnis der Bibel als *Wort Gottes* sowie über ihre Inspiration durch den Heiligen Geist. Streng genommen gilt die göttliche Inspiration nur für den Urtext, was auch die *Chicago-Erklärung zur Biblischen Irrtumslosigkeit* in Artikel VI zum Ausdruck bringt: „Wir bekennen, dass die Schrift als Ganzes und alle ihre Teile bis zu den Worten des Urtextes von Gott durch göttliche Inspiration gegeben wurden."[11]

Die Frage nach dem Urtext scheint uns zunächst vor ein scheinbar unlösbares Problem zu stellen, denn die Originalmanuskripte der 66 Bücher der Bibel liegen uns nicht mehr vor. Und das ist vielleicht auch gut so! - Wer weiß, ob diese Originalschriften nicht auch eines Tages zu einem Objekt der Anbetung geworden wären, wie so viele andere Dinge! Wir sollen den lebendigen Gott anbeten, den die Schrift bezeugt, aber nicht die Schrift als solche!

Der eigentliche Grund, warum uns die Originale nicht mehr vorliegen, ist die begrenzte Haltbarkeit des Materials. Das Alte Testament wurde vor allem auf Pergamente, die aus Tierhäuten gefertigt wurden, geschrieben. Das Neue Testament schrieb man vor allem auf Papyri, die eine schlechtere Haltbarkeit als Pergamente haben. Zunächst fertigte man daraus noch

---

[11] Thomas Schirrmacher (Hg.). *Bibeltreue in der Offensive?! Die drei Chicagoerklärungen zur biblischen Irrtumslosigkeit, Hermeneutik und Anwendung*, S. 19.

Schriftrollen an, um das 1. oder 2. Jahrhundert n.Chr. wurden die Papyrusblätter dann zu einem Papyrus-Kodex zusammengebunden und es entstand das „Buch".

Da es noch keinen Buchdruck gab, wurden die vorliegenden Manuskripte abgeschrieben und auf diese Weise durch neue ersetzt oder auch vervielfältigt. Die Juden gingen dabei besonders sorgfältig vor. Die *Talmudisten* (100 - 500 n.Chr.) hatten ein sehr strenges und kompliziertes System für das Kopieren von Synagogen-Schriftrollen; sie waren nach Beendigung einer Manuskript-Abschrift so sehr davon überzeugt, eine genaue Kopie zu besitzen, dass sie der neuen Abschrift die gleiche Autorität wie der Vorlage beimaßen.[12]

Die *Masoreten* (500 - 900 n.Chr.) bearbeiteten den hebräischen Text dahingehend, dass sie ihn mit vokalisierender Punktierung versahen, um die richtige Aussprache zu gewährleisten, denn das Hebräische hat ja keine Buchstaben für die Vokale. Auch die Masoreten gingen beim Kopieren der Schriftrollen mit größter Disziplin und Ehrfurcht vor, sie „ersannen ein kompliziertes System der Absicherung gegen Fehler der Schriftgelehrten. So zählten sie z. B., wie oft jeder Buchstabe des Alphabets in jedem Buch vorkommt; sie wiesen den mittleren Buchstaben des Pentateuchs und den mittleren Buchstaben der ganzen hebräischen Bibel nach und stellten sogar noch detailliertere Berechnungen auf [...] und sie erfanden eine Mnemotechnik, durch die man die verschiedenen Summen leicht im

---

[12] Josh McDowell, *Die Bibel im Test*, S. 96f.

Gedächtnis behalten konnte."[13] Auf diese Weise verfügten sie über wirksame Kontrollsysteme, um exakte Kopien anzufertigen und eventuelle Fehler beim Abschreiben zu entdecken.

Bis im Jahr 1948 die ersten Schriftrollen in Qumran gefunden wurden, stammten die ältesten hebräischen Manuskripte des Alten Testaments aus der Zeit des 10. Jahrhunderts n.Chr. Die ältesten hebräischen Handschriften mit dem Text alttestamentlicher Propheten stammen aus der Zeit um 900 n.Chr.; die derzeit wichtigste davon ist der Petersburger Prophetenkodex aus dem Jahr 916 n.Chr.[14] Der Leningrader Kodex (Codex Leningradensis) ist die älteste bekannte *vollständige* Handschrift des Alten Testaments, die um das Jahr 1008 n.Chr. geschrieben wurde und in der russischen Nationalbibliothek in St. Petersburg aufbewahrt wird.

In Qumran fand man Reste von Manuskripten der meisten Bücher des Alten Testaments. Viele davon stammen aus den ersten beiden Jahrhunderten *vor* Christus und sind somit über eintausend Jahre älter als die bis dahin vorliegenden Manuskripte! Dazu gehört auch eine komplette Schriftrolle des Propheten Jesaja, die aus dem 2. Jahrhundert *vor*

---

[13] Josh McDowell, *Die Bibel im Test*, S. 99.
[14] Eine weitere wichtige Handschrift ist der Propheten-Kodex von Kairo (Codex Cairensis). Dieser wurde zunächst auf das Jahr 895 n.Chr. datiert; diese Datierung wird allerdings inzwischen bezweifelt und ins 11. Jahrhundert verschoben. Trotzdem ist er weiterhin ein sehr wertvolles Zeugnis für die Überlieferung der prophetischen Bücher des Alten Testaments.

Christus stammt.[15] Das ist von besonderer Bedeutung, denn Jesaja enthält mehr Prophetien über Jesus als die restlichen Propheten des Alten Testaments zusammen. Jetzt ist es amtlich, dass es sich dabei wirklich um Prophetien aus vorchristlicher Zeit handelt und sie nicht nachträglich als solche ausgegeben wurden, wie manche Bibelkritiker behaupten![16] Bei der Auswertung der Funde von Qumran - insbesondere auch der Jesaja-Schriftrolle - waren die Forscher sehr erstaunt! Plötzlich konnte man über 1.000 Jahre überbrücken und fand eine Bestätigung des traditionellen hebräischen Textes, der mit einer wunderbaren Genauigkeit überliefert wurde!

Der Text des Neuen Testaments ist uns ebenfalls sehr gut überliefert. Derzeit liegen uns ca. 5.400 Handschriften des griechischen Textes vor, die aus der Zeit zwischen dem 2. und 15. Jahrhundert stammen. Dazu kommen frühe und alte Übersetzungen[17] des Neuen Testaments sowie

---

[15] Eine Fotografie dieser Jesaja-Rolle (sowie weiterer Funde aus Qumran) finden Sie auf der Internetseite von „The Dead Sea Scrolls": http://dss.collections.imj.org.il/isaiah

[16] In der modernen Bibelkritik spricht man gerne von „vaticinia (oder: vaticinium) ex eventu" und behauptet, dass Autoren biblischer Bücher bereits vergangene und ihnen bekannte Ereignisse nachträglich als Prophezeiungen ausgegeben hätten (was impliziert, dass sie vorsätzlich gelogen und ihre Leser irregeführt hätten, um etwas als Prophetie darzustellen, was in Wirklichkeit keine ist). Dahinter steckt letztlich die Vorstellung, es gäbe keine echte Prophetie und dass Gott (wenn es ihn denn wirklich gäbe) nicht in der Lage wäre, zukünftige Ereignisse präzise vorherzusagen.

[17] Übersetzungen in Syrisch, Lateinisch, Koptisch, Gotisch, Armenisch sowie in Äthiopisch.

Zitate der Kirchenväter aus dem Neuen Testament.
Der bisher älteste Beleg des Neuen Testaments ist der Papyrus P 52. Er stammt aus der Zeit um 100 - 125 n.Chr. und wurde in Ägypten entdeckt. Auf der Vorderseite enthält er Johannes 18,31-37a; auf der Rückseite Johannes 18,37b -19,3. Obwohl es sich dabei nur um ein kleines Bruchstück handelt, wird dadurch belegt, wie früh bereits Abschriften des Johannes-Evangeliums im Umlauf waren, das um das Jahr 90 n.Chr. in Ephesus verfasst wurde. Fotos des P 52 sowie anderer Manuskripte können Sie auf der Internetseite der Qumran- & Bibelausstellung (Online-Ausstellung) unter www.bibelausstellung.de betrachten.
Das derzeit vorhandene Material (griechische Handschriften, frühe Übersetzungen und Zitate des Neuen Testaments bei den Kirchenvätern) wurde vom Institut für neutestamentliche Textforschung an der Universität Münster aus-gewertet. Dabei hat man festgestellt, dass es zwar rund 150.000 kleinere Textvarianten gibt, die aber vielfach auf Fehler beim Abschreiben zurückgehen.[18] Trotz der großen Zahl an Text-varianten haben nur ca. 400 mit dem Sinn eines Bibelverses zu tun und davon sind lediglich ca. 50 bedeutungsvoll. Doch das Entscheidende ist, dass keine einzige Variante etwas am Gesamtzeugnis und an der Botschaft der Schrift ändert! Die Textvarianten verändern weder die biblische

---

[18] Im Gegensatz zu den Masoreten hatten die Abschreiber ntl. Schriften offensichtlich kein System entwickelt, um Fehler beim Abschreiben zu entdecken und auszumerzen.

Dogmatik noch die in der Bibel gelehrte Ethik.

Anhand der vorhandenen Manuskripte sind wir inzwischen nur noch etwa 100 bis 150 Jahre von der ursprünglichen Abfassungszeit entfernt. Bei den Schriften der klassischen Antike beträgt der zeitliche Abstand - je nach Autor - zwischen 350 und 1600 Jahren - und es liegen *wesentlich weniger* Manuskripte vor! John Wenham bringt die Situation treffend auf den Punkt: „Philosophen fühlen sich berechtigt, trotz einer Lücke von 1300 Jahren großes Gewicht auf jede kleinste Redewendung bei Plato zu legen. Mit seinem Abstand von 100 bis 150 Jahren ist der Text des Neuen Testaments nicht bloß nicht schlecht, sondern er ist sehr gut."[19]

Zusammenfassend kann man sagen, dass sowohl der Text des Alten wie auch des Neuen Testaments sehr gut überliefert wurde und wir darauf vertrauen dürfen, dass unsere heutigen Bibelausgaben - auch wenn es „nur Über-setzungen" sind - den ursprünglichen Inhalt sehr gut wiedergeben. Gleichzeitig macht der Befund der Manuskripte deutlich, wie Gott selbst darüber gewacht hat, dass sein Wort über die Jahr-tausende hinweg erhalten blieb und genau überliefert wurde. Es ist so, wie es Gott selbst in seinem Wort gesagt hat: *„Das Gras ist verdorrt, die Blume ist abgefallen; aber das Wort unseres Gottes besteht in Ewigkeit." (Jesaja 40,8)* „Der *Himmel und die Erde werden vergehen, meine Worte aber werden nicht vergehen." (Matthäus 24,35)*

---

[19] John Wenham. *Jesus und die Bibel*, S. 202.

4. Die innere Einheit der Schrift

Bereits im zweiten Kapitel erwähnte ich folgendes Zitat aus Josephus´ Schrift *"Gegen Apion"*: „Denn bei uns giebt [sic] es keine Unzahl voneinander abweichender und sich gegenseitig widersprechender Bücher [Anm. des Verf.: wie bei den Heiden], sondern nur zweiundzwanzig, welche die gesamte Vergangenheit schildern und mit Recht als göttlich angesehen werden."[20]

Josephus weist hier auf ein wichtiges Kriterium hin, das nicht nur für das Alte Testament, sondern für die gesamte Bibel gilt: Es besteht eine innere Einheit der Schrift; es gibt einen einheitlichen „roten Faden", der die *gesamte* Bibel vom ersten bis zum letzten Buch durchzieht und verbindet.[21] Es gibt eine innerliche Kongruenz; die Bibel widerspricht sich nicht! Auf den ersten und oberflächlichen Blick finden wir zwar manche „scheinbare Widersprüche" in der Bibel, doch diese lösen sich nach einer näheren und tieferen Untersuchung auf.[22] Diese innere Kongruenz ist auch eines der wichtigsten Kriterien für die Kanonizität biblischer Bücher. Nur wenn die

---

[20] Flavius Josephus, *Gegen Apion*, in: Flavius Josephus, *Kleinere Schriften*, S. 96.

[21] Lesenswerte Bücher dazu sind: John R Cross, *Der Fremde auf dem Weg nach Emmaus*; John R. Cross, *Der Versprochene. Ein neuer Blick auf das Leben*; Stephen Lonetti, *Roter Faden durch die Bibel: Die Botschaft der Bibel und das Evangelium verstehen*; Vaughan Roberts, *Gottes Plan - kein Zufall! Die Bibel im Zusammenhang erklärt*.

[22] Siehe: Stefan Drüeke / Arend Remmers, *Widersprüche in der Bibel?*

Botschaft einer Schrift in Übereinstimmung mit früheren Offenbarungen war, wurde sie auch als göttlich inspiriert anerkannt - denn Gott widerspricht sich nicht!

John Cross weist sehr treffend auf diese innere Kongruenz bzw. gegenseitige Harmonie und Kontinuität hin: „Die Bibel wurde von etwa 40 verschiedenen Männern geschrieben, die aus ganz unterschiedlichen Gesellschaftsschichten stammten. Unter ihnen waren z. B. Könige, militärische Führer, Staatsleute, Bauern, Philosophen, Hirten, Dichter, Fischer, ein Premierminister, ein Arzt und ein Zollbeamter. Sie schrieben auf drei verschiedenen Kontinenten (Asien, Afrika und Europa) und an ganz unterschiedlichen Orten, wie etwa in einem Palast, einem Kerker, der Wüste oder in Städten. Die Bibel wurde in drei verschiedenen Sprachen verfasst: Hebräisch, Aramäisch und Griechisch. Zwei dieser Sprachen entstammen dem orientalischen Kulturkreis, eine dem westlichen. Insgesamt wurden über einen Zeitraum von 1500 Jahren hinweg die 66 Bücher aufgeschrieben, aus denen sich die Bibel zusammensetzt. Obwohl die meisten dieser 40 Schreiber sich niemals begegnet sind und die Bibel hunderte von umstrittenen Themen beinhaltet, schrieben sie von Anfang bis Ende in gegenseitiger Harmonie und Kontinuität. Das ist wirklich bemerkenswert! Denken wir einmal einen Augenblick über Folgendes nach. Angenommen wir würden heute 10 Schriftsteller zusammenrufen, die zur gleichen Generation gehören, denselben kulturellen Hintergrund haben, im gleichen Fachbereich schreiben und die gleiche Sprache sprechen. Angenommen sie bekämen alle das gleiche umstrittene Thema, dürften sich aber nicht absprechen. Wie groß wäre wohl die Wahrscheinlichkeit einer Übereinstimmung? Sie wäre äußerst unwahrscheinlich. Doch genau das geschah im Fall der Bibel. Eingebunden waren aber nicht 10 Männer, die sich nur mit einem Thema befassten, sondern 40, die über viele umstrittene Themen schrieben. Das ist eine dieser bemerkenswerten Tatsachen, die die Bibel einzigartig beziehungsweise heilig machen."[23]

John Wenham bringt den Grund für die innere Einheit der Schrift folgendermaßen auf den Punkt: „Jeder von ihnen [Anm. des Verf.: der Autoren biblischer Bücher] hatte seinen Teil der Schrift in Unkenntnis des Ganzen verfasst. Der inspirierende Geist jedoch, der den Autoren die Feder führte, schrieb und verstand das Ganze."[24]

Die innere Einheit der Schrift ist meines Erachtens ein *starkes* Indiz dafür, dass sie von Gott selbst inspiriert wurde und Gottes Wort ist. Je mehr ich die Bibel studiere und desto tiefer ich dabei vordringe, desto mehr bin ich persönlich von dieser Einheit fasziniert, die nicht nur dadurch zum Ausdruck kommt, dass Christus in der ganzen Schrift - auch im Alten Testament - zu finden ist, sondern auch alle weiteren grundlegenden Lehren und Dogmen.

---

[23] John R. Cross, *Der Versprochene. Ein neuer Blick auf das Leben*, S. 15f.
[24] John Wenham, *Jesus und die Bibel*, S. 127.

5. Die Bibel beschreibt die Realität dieser gefallenen Welt sehr treffend

Ein weiterer Grund, warum ich persönlich die Bibel für glaub- und vertrauenswürdig halte, ist, dass sie die Realität sehr treffend wiedergibt. Das zeigt sich insbesondere darin, dass die Realität einer sündigen Welt, die sich von Gott abgewandt hat, und die sich daraus ergebenden Konsequenzen klar und deutlich beschrieben werden.

Dies betrifft zunächst einmal die Protagonisten in den biblischen Berichten. Die Bibel gibt uns Einblick in das Leben vieler Menschen, und viele von ihnen werden uns durchaus als „Glaubenshelden" vorgestellt. Das 11. Kapitel des Hebräer-Briefs erwähnt mehrere Gläubige des Alten Testaments und beschreibt, wie ihr Glaube konkret zum Ausdruck kam. Trotzdem präsentiert uns die Bibel keine geschönten „Heldengeschichten", in denen nur die Erfolge und Triumphe erwähnt und hervorgehoben werden, Niederlagen und Versagen aber totgeschwiegen und unter den Teppich gekehrt werden! Nein, es wird auch deutlich, dass alle Glaubenshelden unvollkommene und sündige Menschen waren. Ihr Versagen wird schonungslos offengelegt, da wird nichts geschönt oder glattgebügelt!

Dasselbe gilt auch in Bezug auf das Volk Israel im Alten Testament. Nicht nur die Israeliten, sondern auch andere Völker im Orient kannten eine Geschichtsschreibung. Und natürlich enthält jede Geschichtsschreibung (zwangsläufig) immer eine Auswahl historischer Ereignisse, die zu einem bestimmten darstellenden Zweck zusammengestellt werden. Dabei werden aber in der Regel die eigenen Triumphe groß herausgestellt und hervorgehoben; eigene Niederlagen und Peinlichkeiten werden normalerweise verschwiegen! Beim Vergleich der historischen Berichte der Bibel mit der orientalischen Geschichtsschreibung fällt auf, dass nicht nur die Siege, sondern auch die Niederlagen, die Sünden und das Versagen des Volkes Israel klar und deutlich beim Namen genannt werden.

Auch im Neuen Testament wird Fehlverhalten - sei es von Aposteln, Gläubigen, Leitern und auch ganzen Gemeinden - nicht verschwiegen, sondern ans Licht gebracht.

Die Bibel gibt rundherum einen ehrlichen und wahrhaftigen Einblick in die Realität menschlichen Lebens und hält es offenbar nicht für nötig, die Gläubigen besser darzustellen, als sie in Wirklichkeit sind. Daher halte ich sie für glaub- und vertrauenswürdig. Aber nicht nur deswegen, sondern ich glaube, dass Gott uns in der Bibel die notwendigen Antworten gibt, die wir für das Leben in dieser Welt und darüber hinaus brauchen. Der Philosoph und Pastor Dr. Francis Schaeffer hat dies folgendermaßen erfahren: „Aus dem Verlangen heraus, ehrlich zu sein, dachte er, er solle wegen seines Unglaubens aus der Kirche austreten. Er entschloss sich, für sich allein die Bibel durchzulesen, um zu sehen, ob sie die Antworten hatte, die er suchte. Er las die Bibel, wie er jedes andere philosophische, religiöse oder geschichtliche Buch gelesen haben würde. Er las

vom Schöpfungsbericht bis zur Offenbarung und entdeckte dabei die Antworten auf seine Fragen. Im Verlauf von ungefähr sechs Monaten wurde er Christ. [...] Fran wurde Christ, weil das Christentum die Wahrheit ist. Es ist logisch. Es ist ein vernünftiges System, worüber man sprechen, das man andern mitteilen konnte als die einzige Antwort auf das Leben und die Fragen, die es aufwirft. [...] Er fand heraus, dass nicht der Mensch die Lebensfragen entdeckt und dann die Antworten dazu erfindet, sondern dass der Mensch vielmehr die Fragen entdeckt, die das Leben seiner Generation stellt und dann kann er durch die Führung des Heiligen Geistes auch entdecken, dass die Bibel, obwohl vor so langer Zeit geschrieben, die grundlegenden Antworten hat. Er lernt, dass die Bibel geschichtlich fundiert ist und wahr ist in allem, was sie feststellt, und dass sie Gottes Offenbarung sein muss, um den verlorenen, todgeweihten Menschen zu retten."[25]
Psalm 119, der die Herrlichkeit von Gottes Wort hervorhebt, bringt dies treffend zum Ausdruck: *„Dein Wort ist meines Fußes Leuchte und ein Licht auf meinem Wege."* (Psalm 119,105; LUT)

---

[25] Louis G. Parkhurst. *Francis Schaeffer - Der Mann und seine Botschaft*, S. 30-32.

6. Die Erfüllung prophetischer Aussagen

Im März 2017 hielt der frühere württembergische Landesbischof Prof. Dr. Gerhard Maier im Rahmen der 500-Jahr-Feier der Reformation in der Evangelischen Kirchengemeinde in Schramberg-Sulgen einen Vortrag zum Thema „Allein die Schrift". In diesem Vortrag machte er folgende Aussage: „Es hat mich immer sehr verwundert - das muss ich Ihnen sagen - warum die Christen auf die erfüllte Prophetie so wenig Wert legen. Sie hätten eigentlich ein gutes Argument im Umgang mit anderen Menschen, gerade mit Kopf-Menschen, aber es wird selten benutzt, selten. Man müsste ja unheimlich viele Zufälle annehmen ..."[26]
Damit trifft er den Nagel auf den Kopf! Angesichts der Erfüllung vieler prophetischer Aussagen in der Bibel stellt sich die Frage: Ist dies nur „purer Zufall"? - Oder ist es ein klares Indiz dafür, dass die Bibel wirklich Gottes Wort ist?
Gäbe es nur ein paar wenige prophetische Aussagen, die sich erfüllt haben, dann könnte man tatsächlich noch davon ausgehen, dass es sich dabei um Zufälle handelt. Doch mit jeder weiteren erfüllten Prophetie sinkt die Wahrscheinlichkeit des Zufalls. William MacDonald weist in diesem Zusammenhang auf einen wichtigen Faktor hin: „Je mehr einzelne Details eine Voraussage enthält, desto weniger wahr-

---

[26] Vortrag von Prof. Dr. Gerhard Maier zum Thema *„Allein die Schrift"* am 10.03.2017 in der Evangelischen Kirchengemeinde in Schramberg-Sulgen (mp3-Aufnahme ab Minute 19:46).

scheinlich ist es, dass sich diese Details rein zufällig vollständig und in richtiger Reihenfolge erfüllen. Beispielsweise kann man die 3 Buchstaben A, B und C in 6 verschiedenen Kombinationen anordnen. Nimmt man jedoch 6 Buchstaben, A, B, C, D, E und F, so kann man daraus schon 720 verschiedene Kombinationen zusammenstellen. Wendet man dieses mathematische Gesetz auf biblische Prophezeiungen an, die 10 oder mehr Details enthalten, beträgt die Wahrscheinlichkeit, dass sich diese Prophezeiung „zufällig" in exakt der vorgegebenen Reihenfolge der Details erfüllt, 1 zu 3.628.800! Zu den zahlreichen Beispielen erfüllter Prophezeiungen gehören die biblischen Voraussagen über das Volk der Juden, über Jesus Christus, über bestimmte Städte wie Jerusalem und Tyrus und andere Städte in Galiläa, über die vier Weltreiche, die der Prophet Daniel beschrieb und die sogenannten siebzig Jahrwochen Daniels."[27]

Prof. Dr. Werner Gitt war von 1971 - 2002 Leiter des Fachbereichs Informationstechnologie an der Physikalisch-Technischen Bundesanstalt in Braunschweig. In der Zeitschrift „factum" (Ausgabe 5/2010) veröffentlichte er einen Artikel mit dem Titel "Der prophetisch-mathematische Gottesbeweis".[28] Darin weist Gitt darauf hin, dass bereits 3.268 Prophetien der Bibel im Laufe der Geschichte wortwörtlich erfüllt wurden. Ihn

---

[27] William MacDonald. *Ist die Bibel Wahrheit?*, S. 23f.

[28] Dieser Artikel steht im Internet zum Download zur Verfügung:
https://wernergitt.de/beitraege/deutsch/wissenschaftlich/item/20036-der-prophetisch-mathematische-gottesbeweis

interessierte, wie hoch die Wahrscheinlichkeit ist, dass sich all diese Prophetien per Zufall erfüllt haben. Ausgehend von einer Grundwahrscheinlichkeit von je 50% für die Erfüllung bzw. für die Nichterfüllung der biblischen Prophetien kam Gitt zu folgendem Ergebnis: Die Wahrscheinlichkeit, dass sich alle 3.268 per Zufall erfüllt haben, liegt bei 1,7 x 10 hoch minus 984 ($1{,}7 \times 10^{-984}$). Wenn man diese Zahl ausschreibt, dann steht vor dem Komma eine Null und hinter dem Komma folgen 983 Nullen, bevor am Ende eine 17 steht. Das bedeutet, die Wahrscheinlichkeit, dass die Erfüllung biblischer Prophetie nur „purer Zufall" ist, ist äußerst gering! Gitt zieht am Ende seines Artikels folgendes Fazit: „Die Existenz eines allwissenden und allmächtigen Gottes wird durch den prophetisch-mathematischen Beweis nachgewiesen. Dies kann nur der Gott der Bibel sein, der sich in Jesus Christus offenbart hat. Die Bibel ist von Gott, und sie ist vollständig wahr."[29] Bemerkenswert ist, dass *Gott selbst* das Argument erfüllter Prophetie verwendet. In der Zeit vor der Babylonischen Gefangenschaft war der Götzendienst des Volkes Israel ein sehr großes Problem. In Jesaja 40 - 48 finden wir einen längeren Abschnitt, in dem Gott selbst in einen Wettstreit mit den falschen Göttern tritt. Indem Gott die Nichtigkeit der falschen Götter entlarvt, verfolgt er gleichzeitig das Ziel, sein Volk Israel zur Vernunft zu bringen und zu überzeugen. Zu diesem Zweck forderte Jahwe, der wahre und

---

[29] Werner Gitt, *Der prophetisch-mathematische Gottesbeweis*, in: factum 5/2010, S. 39.

lebendige Gott, die abtrünnigen Israeliten und vor allem auch die falschen Götter heraus: *„Sie mögen herbeibringen und uns verkünden, was sich ereignen wird: Das Frühere, was es ist, verkündet, damit wir es zu Herzen nehmen und dessen Ausgang wissen; oder lasst uns das Künftige hören, verkündet das später Kommende, damit wir erkennen, dass ihr Götter seid! Ja, tut Gutes oder tut Böses, damit wir uns gegenseitig anblicken und es miteinander sehen. Siehe, ihr seid nichts, und euer Tun ist Nichtigkeit; ein Gräuel ist, wer euch erwählt."* (Jesaja 41,22-24) Auf welche Weise können die falschen Götter beweisen, dass sie existieren und wirkliche Götter sind? - Indem sie die Zukunft vorhersagen und somit ihre Allwissenheit beweisen. In seinem Wettstreit weist Gott auf seine in der Vergangenheit gemachten Vorhersagen hin, die bisher eingetroffen sind; außerdem kündigt er weitere Prophezeiungen an: *„Ich bin der HERR, das ist mein Name; und meine Ehre gebe ich keinem anderen, noch meinen Ruhm den geschnitzten Bildern. Das Frühere, siehe, es ist eingetroffen, und Neues verkündige ich; ehe[30] es hervorsprosst, lasse ich es euch hören."* (Jesaja 42,8-9) *„Ich habe das Frühere lange zuvor verkündet, und aus meinem Mund ist es hervorgegangen, und ich habe es hören lassen; plötzlich tat ich es, und es traf ein. Weil ich*

---

[30] In der modernen Bibelkritik werden diese Vorhersagen Jesajas - insbesondere seine Kyrus-Prophetie - als „vaticinia ex eventu" abgetan. Diese Deutung widerspricht nicht nur dem zitierten Vers, sie steht in völligem Widerspruch zur Absicht Gottes, die ER ausdrücklich in Jesaja 40 - 48 verfolgt!

wusste, dass du hart bist und dass dein Nacken eine eiserne Sehne und deine Stirn aus Erz ist, so habe ich es dir lange zuvor verkündet, ehe es eintraf, habe ich es dich hören lassen; damit du nicht sagen könntest: Mein Götzenbild hat es getan, und mein geschnitztes und mein gegossenes Bild hat es geboten." (Jesaja 48,3-5)

Gott will bei diesem Wettstreit Folgendes deutlich machen: Wenn die Götzen wirklich Götter sind, dann müsste es ihnen doch möglich sein, die Zukunft zuverlässig vorherzusagen. Im Zentrum dieser Kapitel 40 - 48 von Jesaja steht die Prophetie über Kyrus (Kores), der dem Volk Israel die Rückkehr aus dem babylonischen Exil erlauben würde: *„So spricht der HERR, dein Erlöser und der dich von Mutterleib an gebildet hat: Ich, der HERR, bin es, der alles wirkt, der die Himmel ausspannte, ich allein, die Erde ausbreitete durch mich selbst; der die Wunderzeichen der Lügner vereitelt und die Wahrsager zu Narren macht; der die Weisen zurückdrängt und ihr Wissen zur Torheit macht; der das Wort seines Knechtes bestätigt und den Bescheid seiner Boten vollführt; der von Jerusalem spricht: Es soll bewohnt werden!, und von den Städten Judas: Sie sollen aufgebaut werden, und ich will seine Trümmer wieder aufrichten!, der zu der Flut spricht: Versiege, und ich will deine Ströme austrocknen!, der von Kores spricht: Mein Hirte und der all mein Wohlgefallen ausführt, und zwar, indem er von Jerusalem sagen wird: Es werde aufgebaut!, und vom Tempel: Er werde gegründet!"* (Jesaja 44,24-28) In Kapitel 45 wird diese Prophetie über Kyros fortgesetzt.

Gott machte diese Vorhersage durch den Propheten Jesaja rund 160 Jahre vor ihrer Erfüllung! Das Volk Israel sollte daran erkennen, dass Jahwe *wirklich* der lebendige und wahre Gott ist, der im Gegensatz zu den falschen Göttern, die Zukunft kennt und zuverlässig vorhersagen kann!

An dieser Stelle möchte ich kurz auf ein paar Beispiele erfüllter Prophetien im Zusammenhang mit dem ersten Kommen Jesu hinweisen:

Psalm 22 wurde von König David um das Jahr 1.000 v.Chr. geschrieben. Dieser Psalm spricht sehr zutreffend von der zukünftigen Kreuzigung des Messias. In Vers 17 heißt es: *„Sie haben meine Hände und meine Füße durchgraben"* und in Vers 19 wird angekündigt: *„Sie teilen meine Kleider unter sich, und über mein Gewand werfen sie das Los."* *(vgl. Matthäus 27,31-35)* Und in Psalm 16,10 kündigt König David die Auferstehung Jesu an: *„Denn meine Seele wirst du dem Scheol nicht überlassen, wirst nicht zugeben, dass dein Frommer die Verwesung sehe."* *(vgl. Apostelgeschichte 2,29-32; 13,34-37)*

Über 700 Jahre v.Chr. machte der Prophet Jesaja viele Vorhersagen über den kommenden Messias[31]; u. a. über seine Jungfrauen-Geburt: *„Darum wird der Herr selbst euch ein Zeichen geben: Siehe, die Jungfrau wird schwanger werden und einen Sohn gebären und wird seinen Namen Immanuel*

---

[31] Durch den Fund der Jesaja-Schriftrolle aus dem zweiten Jahrhundert v.Chr. können diese Prophezeiungen nicht mehr als „vaticinia ex eventu" weggedeutet werden!

nennen." *(Jesaja 7,14; vgl. Matthäus 1,18-25)*
Dieser „Sohn" würde gleichzeitig Gott und ein
Nachkomme König Davids sein: *„Denn ein Kind ist
uns geboren, ein Sohn uns gegeben, und die
Herrschaft ruht auf seiner Schulter. Und man
nennt seinen Namen: Wunderbarer, Berater,
starker Gott, Vater der Ewigkeit, Friedefürst. Die
Mehrung der Herrschaft und der Frieden werden
kein Ende haben auf dem Thron Davids und über
sein Königreich, um es zu befestigen und zu
stützen durch Gericht und durch Gerechtigkeit,
von nun an bis in Ewigkeit. Der Eifer des HERRN
der Heerscharen wird dies tun." (Jesaja 9,5-6)*
In Jesaja 50,7 wird die Folterung und Demütigung
Jesu vor seiner Kreuzigung angekündigt: *„Ich bot
meinen Rücken den Schlagenden und meine
Wangen den Raufenden, mein Angesicht verbarg
ich nicht vor Schmach und Speichel."* (vgl.
Matthäus 27,27-30). In Kapitel 53 finden wir den
Höhepunkt der prophetischen Vorhersagen Jesajas
über das erste Kommen Jesu. Dort wird Jesu
stellvertretendes Leiden an unserer Stelle, als
unser Repräsentant, sehr deutlich und ausführlich
beschrieben (vgl. Matthäus 8;17; 27,31-60; Markus
15,20ff; ; Lukas 22,37; 23,32ff; Apostelgeschichte
8,30-35; 2.Korinther 5,21; 1.Petrus 2,21-24).
Der Prophet Micha kündigte um das Jahr 700
v.Chr. nicht nur den Geburtsort des Messias an,
sondern auch dessen Prä-Existenz:[32] *„Und du,
Bethlehem-Ephrata, zu klein, um unter den*

---

[32] Als zweite Person der Dreieinigkeit wurde Jesus bei seiner
Fleischwerdung nicht erst erschaffen, sondern er existierte
bereits schon vorher und ist genauso ewig wie der Vater und
der Heilige Geist.

Tausenden von Juda zu sein, aus dir wird mir hervorkommen, der Herrscher über Israel sein soll; und seine Ursprünge sind von der Urzeit, von den Tagen der Ewigkeit her." (Micha 5,1; vgl. Matthäus 2,1-11; Lukas 2,1-20) Der Prophet Sacharja kündigte um das Jahr 518 v.Chr. den triumphalen Einzug Jesu in Jerusalem an: *„Frohlocke laut, Tochter Zion; jauchze, Tochter Jerusalem! Siehe, dein König wird zu dir kommen: Gerecht und ein Retter ist er, demütig und auf einem Esel reitend, und zwar auf einem Fohlen, einem Jungen der Eselin."* (Sacharja 9,9; vgl. Matthäus 21,1-11) Außerdem weist Sacharja, im Rahmen einer Prophetie über die Wiederkunft Jesu, darauf hin, dass der kommende Messias derselbe sein wird, den sie vorher, bei seinem ersten Kommen, „durchbohrt", d. h., gekreuzigt haben: *„Und ich werde über das Haus David und über die Bewohner von Jerusalem den Geist der Gnade und des Flehens ausgießen; und sie werden auf mich blicken, den sie durchbohrt haben, und werden über ihn wehklagen gleich der Wehklage über den einzigen Sohn und bitterlich über ihn Leid tragen, wie man bitterlich über den Erstgeborenen Leid trägt."* (Sacharja 12,10)

Erfüllte Prophetie ist meines Erachtens ein *sehr starkes* Indiz für die Glaub- und Vertrauens- würdigkeit der Bibel und dafür, dass sie wirklich Gottes Wort ist. Zum Abschluss dieses Kapitels verweise ich nochmals auf Prof. Dr. Gerhard Maier, der in seinem Buch *"Biblische Hermeneutik"* Folgendes schreibt: „Es genügt hier der summarische Hinweis, daß die erfüllte Prophetie der Bibel über 17 Jahrhunderte hinweg eine der stärksten Säulen der christlichen Verkündigung darstellte. Sie wurde für überzeugend genug erachtet, um die Autorität der Schrift zu begründen."[33]

---

[33] Gerhard Maier, *Biblische Hermeneutik*, S. 198.

7. Die lebensverändernde Kraft von Gottes Wort

Im Laufe der Kirchengeschichte wurde immer wieder deutlich, wie Gottes Wort Menschenleben sehr grundlegend und positiv verändern kann. Der große Westminster-Katechismus greift diesen Aspekt in seiner vierten Frage *„Woraus geht hervor, dass die Schrift das Wort Gottes ist?"* auf: „Die Schrift bekundet selbst, dass sie das Wort Gottes ist, durch ihre Erhabenheit und Reinheit, durch die Übereinstimmung aller Teile und den Zweck des Ganzen, welcher ist, Gott alle Ehre zu geben, *durch ihr Licht und ihre Kraft, die Sünder zu überführen und zu bekehren, die Gläubigen zu trösten und zu erbauen zur Seligkeit."*[34]

Die Bibel weist immer wieder darauf hin, dass Menschen dadurch zu einer Umkehr und zum lebendigen Glauben an den allmächtigen Gott und an den Retter Jesus Christus kommen, indem sie Gottes Wort hören. In Römer 10,14-17 macht Paulus diesen Zusammenhang deutlich und zieht folgendes Fazit: *„Also ist der Glaube aus der Verkündigung, die Verkündigung aber durch Gottes Wort."* (Römer 10,17).

Der Apostel Petrus schreibt zu Beginn seines ersten Briefes, dass Menschen, die zum Glauben gekommen sind, *„zu einer lebendigen Hoffnung*

---

[34] *Der grosse Westminster Katechismus* (Übersetzung: Gajus Fabricius, Überarbeitung und leichte sprachliche Anpassung: Kurt Vetterli) http://neuenburginternational.com/wp-content/uploads/2009/10/Westminster_Katechismus_gro%C3%9F.pdf (Zugriff am 04.11.2019)

wiedergeboren" (1.Petrus 1,3) wurden. Gott hat ihnen neues geistliches Leben geschenkt, das tief greifende Veränderungen mit sich bringt. Am Ende desselben Kapitels erklärt Petrus, wie dies geschehen ist: *„Ihr seid ja von neuem geboren, und dieses neue Leben hat seinen Ursprung nicht in einem vergänglichen Samen, sondern in einem unvergänglichen, in dem lebendigen Wort Gottes, das für immer Bestand hat. Genau das bestätigt die Schrift, wenn sie sagt: «Alles menschliche Leben gleicht dem Gras, und all seiner Herrlichkeit ergeht es wie einer Blume auf dem Feld. Das Gras verdorrt, und die Blume verwelkt, aber das Wort des Herrn hat für immer und ewig Bestand.» Dieses Wort ist nichts anderes als das Evangelium, das euch verkündet wurde."* (1.Petrus 1,23-25; NGÜ)

Sehr viele Menschen haben diese lebens-verändernde Kraft von Gottes Wort erlebt und bezeugt. Es gibt unzählige Biografien, in denen diese Veränderungen konkret beschrieben werden.[35] Immer wieder geschieht es, dass Menschen, die der Bibel gegenüber sehr skeptisch oder gar ablehnend und feindlich eingestellt sind, sie lesen, sich intensiver mit ihr beschäftigen und daraufhin eine völlige Kehrtwende vollziehen. Ein Beispiel dafür ist Dr. Francis Schaeffer, auf den ich bereits im fünften Kapitel hingewiesen habe. Ein weiteres Beispiel ist Josh McDowell, der ursprünglich mit der Absicht angetreten ist, ein Buch gegen die Bibel zu schreiben. Doch dann,

---

[35] Siehe z. B. das Buch von Wilhelm Buntz, *Der Bibelraucher: Die knallharte Lebensgeschichte eines Ex-Knackis.*

nach intensiver Beschäftigung mit der Bibel, hat er seine Meinung vollständig geändert und mehrere Bücher PRO BIBEL veröffentlicht wie z. B. *"Die Bibel im Test. Tatsachen und Argumente für die Wahrheit der Bibel"*, *"Die Fakten des Glaubens: Die Bibel im Test. Fundierte Antworten auf herausfordernde Fragen an Gottes Wort"* oder *"Ein Skeptiker kapituliert"*.

Sehr beeindruckend ist auch die Lebenswende eines (ehemaligen) islamischen Dschihadisten. Sein Emir überreichte ihm eine Bibel und gab ihm den Auftrag, diese zu lesen und eine Widerlegung zu schreiben, um „die Lügen der Juden und Christen aufzudecken".[36] Er weigerte sich zunächst dagegen. Er wollte die Bibel nicht lesen (und sie nicht einmal berühren), um „nur" in einen intellektuellen Kampf eintreten, sondern er wollte lieber mit der Waffe gegen die „Ungläubigen" kämpfen. Doch letztlich gehorchte er seinem Emir, las die Bibel, begann den Koran infrage zu stellen und wurde Christ - trotz aller Gefahr für Leib und Leben, die diese Glaubensentscheidung für Jesus Christus mit sich brachte! Diese positive, lebensverändernde Kraft der Bibel ist meines Erachtens durch nichts anderes zu erklären, als durch das Wirken des lebendigen Gottes, der dazu sein Wort gebraucht.

Der Apostel Johannes nennt im vorletzten Kapitel sogar ausdrücklich den Zweck seines Evangeliums, und er rechnete gewiss auch damit, dass dieser in

---

[36] Siehe die Verfilmung seiner Geschichte „The Story of Khalil": http://morethandreams.org/the-dreams/the-story-of-khalil/ Auf derselben Internetseite sind noch weitere Lebensberichte von Konvertiten zu finden.

Erfüllung gehen würde: *„Was hier berichtet ist, wurde aufgeschrieben, damit ihr glaubt, dass Jesus der Messias ist, der Sohn Gottes, und damit ihr durch den Glauben an ihn in seinem Namen das Leben habt."* *(Johannes 20,31; NeÜ)*

8. Wie können wir Gewissheit erlangen?

In Kapitel 2 haben wir gesehen, dass die Bibel an sich selbst den Anspruch stellt, Gottes Wort zu sein, und dass Jesu Schriftverständnis diesen Anspruch stützt. In den Kapiteln 3 bis 7 habe ich verschiedene Gründe für die Glaub- und Vertrauenswürdigkeit der Heiligen Schrift vorgestellt, die auch als Indizien dafür gedeutet werden können, dass die Bibel wirklich Gottes Wort ist:
1. Der Befund der Manuskripte
2. Die innere Einheit der Schrift
3. Die Bibel beschreibt die Realität dieser gefallenen Welt sehr treffend
4. Die Erfüllung prophetischer Aussagen
5. Die lebensverändernde Kraft von Gottes Wort

Von den fünf genannten Gründen haben zwei ein besonders starkes Gewicht: die innere Einheit der Schrift sowie die Erfüllung prophetischer Aussagen der Schrift. Ja, ich würde diese beiden Punkte sogar als klare Evidenz dafür bezeichnen, dass die Bibel *Gottes Wort* ist!
Im ersten Kapitel erwähnte ich bereits, dass ich mir bewusst bin, dass ich selbst aus eigener Kraft niemanden überzeugen kann, und dass letztlich nur Gott selbst dies tun kann. Dies wussten auch schon die Verfasser des großen Westminster-Katechismus, den ich in Kapitel 7 zitiert habe. Ihre Antwort auf die Frage *„Woraus geht hervor, dass die Schrift das Wort Gottes ist?"* geht noch weiter: „Aber der Geist Gottes, der durch Schrift und mit ihr im Herzen des Menschen

Zeugnis gibt, ist allein imstande, es völlig zu überzeugen, dass sie das wahre Wort Gottes ist."[37]

Letzten Endes ist es ein Geschenk, wenn wir von ganzem Herzen glauben können, dass die Bibel Gottes Wort ist, ein Geschenk, das nur Gott selbst uns geben kann. Doch dieses Geschenk können wir letztlich nicht ohne das Lesen oder Hören der Heiligen Schrift empfangen, genauso wenig, wie wir ohne Gottes Wort zum Glauben kommen können. Der Theologe Adolf Schlatter wies in seinem Aufsatz *"Der Weg zur Bibel"* darauf hin: „Der Glaube steht nicht als die von uns geforderte Bedingung vor unserem Verkehr mit der Schrift. *Wir werden nicht gläubig, bevor wir das göttliche Wort empfangen, sondern dadurch, dass wir es empfangen.* Dazu ist uns die Schrift gegeben, damit wir gläubig werden, und sie verschafft uns dies dadurch, dass sie uns Jesus zeigt und uns in ihm vor Gottes Gnade stellt. Das ist ein offenkundiger Tatbestand, dass die Bibel dasjenige Buch ist, das uns zum Glauben beruft und ihn uns gewährt."[38]

In Johannes 7,16-17 macht Jesus eine sehr herausfordernde Aussage: *„Meine Lehre ist nicht mein, sondern dessen, der mich gesandt hat* [Anm. des Verf.: von Gott, dem Vater]. *Wenn*

---

[37] *Der grosse Westminster Katechismus* (Übersetzung: Gajus Fabricius, Überarbeitung und leichte sprachliche Anpassung: Kurt Vetterli) http://neuenburginternational.com/wp-content/uploads/2009/10/Westminster_Katechismus_gro%C3%9F.pdf (Zugriff am 04.11.2019)

[38] Adolf Schlatter, *Der Weg zur Bibel*, in: Adolf Schlatter, *Die Bibel verstehen. Aufsätze zur biblischen Hermeneutik*, S. 47.

jemand seinen Willen tun will, so wird er von der Lehre wissen, ob sie aus Gott ist oder ob ich von mir selbst aus rede." Das ist die „ultimative Challenge" für jeden Skeptiker und/oder Zweifler: Wer Gewissheit erlangen möchte, ob Jesu Lehre wirklich von Gott ist - und damit wahr, zuverlässig und glaubwürdig ist -, der kommt nicht darum herum, bereit zu sein, Gottes Willen zu tun. Auf dieselbe Weise erlangen wir auch Gewissheit, ob die Bibel wirklich Gottes Wort ist. Doch um Gottes Willen erkennen und tun zu können, führt auch kein Weg am Lesen oder Hören der biblischen Botschaft vorbei![39]

Für manchen mag dies alles wie ein Zirkelschluss klingen, doch Gott hat es in seiner Weisheit und Souveränität so geordnet, dass die Verkündigung

---

[39] Hier geht es zunächst um unsere Haltung bzw. unsere grundsätzliche Bereitschaft, die Bibel zu lesen, Gott auf diese Weise in unser Leben hineinsprechen zu lassen und das Erkannte auch wirklich anzuwenden. Eine andere wichtige Frage, die damit zusammenhängt, ist: Wie kommt man zu einer schriftgemäßen Anwendung der Schrift? In Kapitel 5 meines *Buches "Hilfreiche Prinzipien der Bibelauslegung"* geht es um diese Thematik. Dabei weise ich u.a. darauf hin, dass die beabsichtigte Anwendung heilsgeschichtlich eingeordnet und bewertet werden muss, da wir heute in der Zeit des Neuen Bundes und der Gemeinde leben: „*Missachten wir die heilsgeschichtliche Einordnung und Bewertung, dann wiederholen wir den Fehler vieler Sekten, die den Alten und den Neuen Bund miteinander vermischen und so zu ganz abenteuerlichen Lehren und Anwendungen kommen.*" Jürgen Schmidt, *Hilfreiche Prinzipien der Bibelauslegung*, S. 79.

von Gottes Wort und das Hören darauf der Weg ist, um Gott zu erkennen, zum Glauben zu kommen und Glaubensgewissheit erlangen zu können. In 1.Korinther 1,18ff erklärt Paulus dies näher und macht im Laufe seiner Ausführungen deutlich: *„Denn obwohl sich seine Weisheit in der ganzen Schöpfung zeigt, hat ihn die Welt mit ihrer Weisheit nicht erkannt. Deshalb hat er beschlossen, eine scheinbar unsinnige Botschaft verkünden zu lassen, um die zu retten, die daran glauben." (1. Korinter 1,21; NGÜ)*

Ich ermutige Sie, der Schrift Vertrauen zu schenken, sie zu lesen und zu studieren, denn allein durch die Heilige Schrift können wir zum Glauben kommen und darin wachsen. Wenn Sie als Leser/in weiterhin skeptisch sind, bitte ich Sie, die vorgelegten Argumente zu prüfen und tiefer in das Thema einzusteigen; entsprechende Literaturhinweise finden Sie in der Bibliografie. Außerdem ermutige ich Sie dazu, darum zu beten, dass Gott Ihnen Gewissheit in dieser Frage geben möge, denn gerade auch dann, wenn wir zweifeln, dürfen wir uns im Gebet an IHN wenden (vgl. Johannes 20,24ff).

Wie ich ebenfalls im 1. Kapitel sagte, ist die Frage, ob die Bibel *Gottes Wort* ist, kein abstraktes theologisches Thema, sondern etwas sehr Persönliches. Wenn die Bibel wirklich Gottes Wort ist - wovon ich zutiefst überzeugt bin - dann ist es wichtig, sie zu kennen, darauf zu hören und persönlich auf Gottes Reden mit Glaubensgehorsam zu antworten!

Bibliografie und weitere Literaturhinweise

Buntz, Wilhelm: *Der Bibelraucher: Die knallharte Lebensgeschichte eines Ex-Knackis.* SCM Hänssler, 2019.

Cross, John R.: *Der Fremde auf dem Weg nach Emmaus.* GoodSeed International, 2015.

Cross, John R.: *Der Versprochene: Ein neuer Blick auf das Leben.* GoodSeed International, 2016.

Drüeke, Stefan & Remmers, Arend: *Widersprüche in der Bibel?* Christliche Schriftenverbreitung, 2016.

Gitt, Werner: *Der prophetisch-mathematische Gottesbeweis.* In: factum, Ausgabe 5/2010, S. 34-39.

Glashouwer, Willem J.J.: *Die Geschichte der Bibel. Von den Tontafeln über Qumran bis heute.* Christliche Literatur-Verbreitung, 4. Aufl. 1998.

Glashouwer, Willem J.J.: *So entstand die Bibel. Von den Tontafeln über Qumran bis heute.* CLV, 1998.

Grudem, Wayne: *Biblische Dogmatik: Eine Einführung in die systematische Theologie.* VKW & Arche Medien, 2013.

Josephus, Flavius: *Gegen Apio*n, in: Flavius Josephus, *Kleinere Schriften.* Fourier, 2. Aufl. 1995.

Keller, Werner: *Und die Bibel hat doch Recht. Forscher beweisen die Wahrheit der Bibel*. Naumann & Göbel, 2002.

Liebi, Roger: *Die Bibel – absolut glaubwürdig!*, Christliche Literaturverbreitung, 2017.

Lightfoot, Neil R.: *Die Bibel - Entstehung und Überlieferung*. Verlag und Schriftenmission der Evang. Gesellschaft für Deutschland, 4. Aufl., 1983.

Linnemann, Eta: *Was ist glaubwürdig - Die Bibel oder die Bibelkritik?* VRT, 2007.

Linnemann, Eta: *Bibelkritik auf dem Prüfstand: Wie wissenschaftlich ist die „wissenschaftliche Theologie"?* VTR, 1999.

Linnemann, Eta: *Original oder Fälschung – Historisch-kritische Theologie im Licht der Bibel*. CLV, 1994.

Lonetti, Stephen: *Roter Faden durch die Bibel: Die Botschaft der Bibel und das Evangelium verstehen*. Betanien, 4. Aufl., 2010.

MacDonald, William: *Ist die Bibel Wahrheit? Indizien und Bestätigungen für die Vertrauenswürdigkeit der Bibel*. Betanien, 7. Aufl., 2015.

Maier, Gerhard: *Biblische Hermeneutik*. SCM R. Brockhaus, 11. Aufl., 2016.

Maier, Gerhard: *Das Ende der historisch-kritischen Methode*. Theol. Verlag Brockhaus, 1975.

Mangalwadi, Vishal: *Das Buch der Mitte. Wie wir wurden, was wir sind: Die Bibel als Herzstück der westlichen Kultur,* ´fontis´ - Brunnen Basel, 2014.

Mauerhofer, Erich: *Biblische Dogmatik. Überarbeitete Vorlesungen.* Verlag für Theologie und Religionswissenschaft, 2011.

McDowell, Josh: *Die Bibel im Test. Tatsachen und Argumente für die Wahrheit der Bibel.* Hänssler, 3. Aufl., 1992.

McDowell, Josh: *Die Fakten des Glaubens: Die Bibel im Test. Fundierte Antworten auf herausfordernde Fragen an Gottes Wort.* Hänssler, 2003.

McDowell, Josh & Krusen, Cristóbal: *Ein Skeptiker kapituliert.* CLV, 3. Aufl., 2015.

Parkhurst, Louis G.: *Francis Schaeffer - Der Mann und seine Botschaft.* Brunnquell, 1985.

Roberts, Vaughan: *Gottes Plan - kein Zufall! Die Bibel im Zusammenhang erklärt.* 3L, 2011.

Ryrie, Charles C.: *Irrtum ausgeschlossen! Wahrheit und Inspiration der Bibel im Kreuzverhör.* Christliche Verlagsgesellschaft, 1996.

Schaeffer, Francis A.: *Die große Anpassung. Der Zeitgeist und die Evangelikalen.* Christliche Literaturverbreitung, 3. Aufl., 2008.

Schick, Alexander: *Faszination Qumran. Wissenschaftskrimi, Forscherstreit und wahre Bedeutung der Schriftrollen vom Toten Meer.* Schwengeler, 2. Aufl. 1999.

Schirrmacher, Thomas (Hg.): *Bibeltreue in der Offensive?! Die drei Chicagoerkiärungen zur biblischen Irrtumslosigkeit, Hermeneutik und Anwendung.* Verlag für Kultur und Wissenschaft, 2009.

Schlatter, Adolf: *Die Bibel verstehen. Aufsätze zur biblischen Hermeneutik.* (Herausgegeben von Werner Neuer). Brunnen, 2002.

Schmidt, Jürgen H.: *Hilfreiche Prinzipien der Bibelauslegung.* BoD, 2016.

Stadelmann, Helge: *Evangelikales Schriftverständnis. Die Bibel verstehen - Der Bibel vertrauen.* jota Publikationen, 2006.

Tenney, Merrill C.: *Die Welt des Neuen Testaments.* Francke, 4. Aufl., 1994.

Wenham, John: *Jesus und die Bibel. Autorität, Kanon und Text des Alten und Neuen Testaments.* Hänssler, 2000.

Internet-Seiten

More Than Dreams: http://morethandreams.org/

Qumran- und Bibelausstellung Sylt, Online-Ausstellungsführer von Alexander Schick: www.bibelausstellung.de

The Digital Dead Sea Scrolls:
   http://dss.collections.imj.org.il

Werner Gitt: www.wernergitt.de

Literatur zum Themenbereich Schöpfung, Evolution und Wissenschaft

Beck, Horst W.: *Die Welt als Modell. Gegen den Mythos vom geschlossenen Weltbild*, R. Brockhaus, 1973.

Gitt, Werner: *Schuf Gott durch Evolution?*, Hänssler / CLV, 6. Auf, 2002.

Junker, Reinhard & Ullrich, Henrik: *Darwins Rätsel. Schöpfung ohne Schöpfer?*, Hänssler, 3. Aufl., 2009.

Lennox, John: *Hat die Wissenschaft Gott begraben? Eine kritische Analyse moderner Denkvoraussetzungen*, SCM R. Brockhaus, 8. erw. Aufl., 2009.

Stephan, Manfred & Fritzsche, Thomas: *Sintflut und Geologie. Schritte zu einer biblisch-urgeschichtlichen Geologie*, Hänssler, 2. erw. Aufl., 2003.

Studiengemeinschaft Wort und Wissen:
   www.wort-und-wissen.de

Wilder-Smith, A.E.: *Der letzte Schritt der Logik*, Schwengeler, 1996.

Wilder-Smith, A.E.: *Herkunft und Zukunft des Menschen*, Hänssler, 6. Aufl. 1984.

Weitere Bücher von Jürgen H. Schmidt

Hilfreiche Prinzipien der Bibelauslegung

Jeder, der die Bibel liest, legt sie auch aus. Oft geschieht dies aber eher unbewusst und subjektiv. Dabei besteht die Gefahr, biblische Aussagen misszuverstehen und falsch anzuwenden. Die Kenntnis hilfreicher Prinzipien der Bibelauslegung ist daher sehr nützlich und kann vor Irrtümern bewahren.

"Hilfreiche Prinzipien der Bibelauslegung" gibt theologischen Laien eine kurze und komprimierte Einführung in die Thematik. Dazu gehört ein Überblick über unterschiedliche Textarten und Stilmittel in der Bibel, die für das Verständnis der Botschaft relevant sind. Außerdem wird die Anwendung der Auslegungsprinzipien beim Bibelstudium sowie die heutige Anwendung biblischer Aussagen behandelt.

Norderstedt: Books on Demand, 2016.
- Printausgabe: ISBN 978-3-7412-8046-7, Paperback, 88 Seiten, Preis: Euro 6,80 (inkl. MWSt.).
- eBook-Ausgabe: ISBN 9783743154834, Preis Euro 4,99 (inkl. MwSt.).
- Eine spanische Ausgabe dieses Buches ist unter dem Titel *El ABC de la Interpretación Bíblica* erhältlich. (Printausgabe: ISBN 9783752803679 / eBook-Ausgabe: 9783752852967)

Weihnachten ohne Jesus? - Den Grund für Weihnachten neu entdecken.
Norderstedt: Books on Demand, 2014.
- Printausgabe: ISBN 978-3-8391-1721-7, Paperback, 64 Seiten, Preis: Euro 4,80 (inkl. MWSt.).
- eBook-Ausgabe: ISBN 9783839161104, Preis: Euro 2,99 (inkl. MwSt.).

Glaubensspuren - von Böhmen nach Sachsen. Johannes Hus und Nikolaus Ludwig Graf von Zinzendorf.
Norderstedt: Books on Demand, 2016.
- Dieses Buch ist ausschließlich als eBook erhältlich.
- ISBN 9783734710438, Preis: Euro 2,99 (inkl. MwSt.).

Begegnungen in Peru. Urwaldindianer auf dem Weg ins 21. Jahrhundert.
Norderstedt: Books on Demand, 2015.
- Print-Ausgabe: ISBN: 978-3-7386-2127-3, Paperback, 112 Seiten, Preis: Euro 7,90 (inkl. MwSt.)
- eBook-Ausgabe: ISBN: 9783739255538, Preis: Euro 5,99 (inkl. MwSt.)

Basics interkultureller Kommunikation. Bausteine für die Entwicklung interkultureller Kompetenz.
Norderstedt: Books on Demand, 2012.
- Printausgabe: ISBN 978-3-8448-1992-2, Paperback, 144 Seiten, Preis: Euro 11,95 (inkl. MwSt).
- eBook-Ausgabe: ISBN 9783844848427, Preis Euro 9,49 (inkl. MwSt.).
- Eine spanische Ausgabe dieses Buches ist unter dem Titel *La Comunicación Intercultural. El desafío de la comunicación entre dos culturas* erhältlich. (Printausgabe: ISBN 978-3-7322-6381-3 / eBook-Ausgabe: ISBN 9783735726094)

Weitere Informationen finden Sie auf der Autorenseite von Jürgen H. Schmidt: www.jürgenschmidt.net